# तम्बी के साथ सैर

कहानी **लावण्या कार्तिक** चित्र **प्रोइति रॉय**

अनुवाद **विधु पुरकायस्था**

**Tambi Ke Saath Sair (Hindi)**

ISBN 978-93-5046-946-0

First published in India, 2017

Originally in English



Published by
Tulika Publishers, 24/1 Ganapathy Colony Third Street, Teynampet, Chennai 600 018, India
*email* tulikabooks@vsnl.com *website* www.tulikabooks.com

Printed and bound by
Sudarsan Graphics, 27 Neelakanta Mehta Street, T. Nagar, Chennai 600 017, India

आज मैं तम्बी को सैर कराने
ले गया।

"याद रहे," अम्मा ने कहा।
"सड़क पर मत भागना।
नदी में मत खेलना।
पेड़ों पर मत चढ़ना।
गंदा मत होना...

...और सूरज ढलने से पहले घर आ जाना।"

मैं जानता था कि मुझे यह सब याद रहेगा। लेकिन तम्बी का क्या पता!

हमने सड़क के शोर सुने।

हमने बाज़ार की सभी महकें सूंघी।

हमने हवा के झोंकों का
मज़ा लिया।

फिर हमें कुछ दोस्त मिले।

वाह, क्या दिन था!

और कितना सुंदर है यह...

ढलता हुआ सूरज!

भाग, तम्बी, भाग!

हमें देर हो रही थी।
हम सड़क पर भाग रहे थे।

हमने नदी में खेला और हम पेड़ों पर भी चढ़े थे।

लेकिन कम से कम हम गंदे तो नहीं हुए!

ओह्ह्ह्!

“ह्म्म्म्!” अम्मा बोलीं।

“ह्म्म्म्!” वे फिर से बोलीं।
“तुमने मेरी एक भी बात
नहीं सुनी, है ना तम्बी?”

फिर वह मेरी ओर मुड़कर बोलीं, “और तुम? तुमने भी खूब मस्ती की, है ना?”